太喜歡歷史了！

給中小學生的輕歷史

8

遼金西夏元

遼金西夏元

遼金西夏元

文：羅燦
繪：蔣講太空人（時代背景）
Ricky（衣食住行，歷史事件）

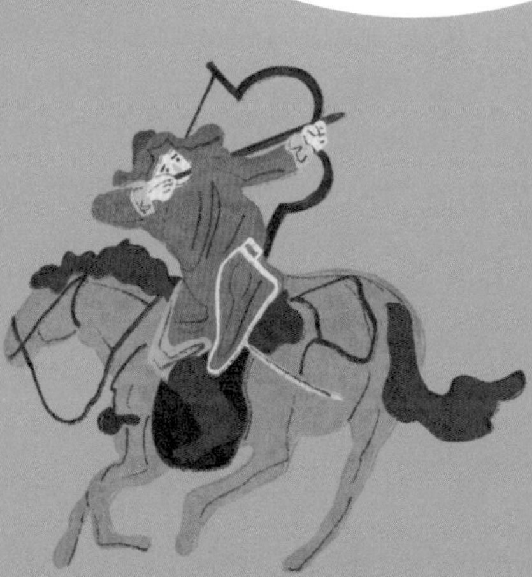

時代背景

來自北方的統治者

唐朝歷經「黃巢起義」（八七八年－八八四年）的動亂，國力大幅削弱，帝國虛有其表，統治者也失去了政治權威，藩鎮割據嚴重。

唐朝滅亡（九〇七年）後，直到九六〇年，北宋才重新統一中原。在這漫長的幾十年裡，北方的部落民族日益強大，陸續建立新國家，與國力日衰的中原政權形成鮮明對比。

這些民族原本是中原政權的臣屬，定期要向天子朝貢，換取和平生存。但他們不甘永遠臣服，都有獨立建國的企圖心。

這些北方民族中，蒙古人是最有野心也最有實力的。蒙古人心目中的「天下」，遠遠超過漢、唐、宋的皇帝所能想像的範圍。蒙古軍隊西征的鐵蹄，一

直踏到了中國之外的歐亞大陸土地上，促進中國與世界擴大交流。

在這兩三個世紀的時間裡，中國不是由一個王朝統治，而是多個王朝並立的狀態。北方民族建立的國家，大都允許兩套完全不同的制度並存，讓漢人及其他民族能在不同制度下共同生活。

衣食住行

生活在遼金西夏元

衣

北方民族的穿著，深受生活環境影響，與中原漢人的寬大服裝截然不同。無論是契丹人、黨項人，還是韃（ㄉㄚˊ）靼（ㄉㄚˊ）人，都穿著典型的胡人服裝：窄袖長袍，長靴，繫腰帶。窄袖是為了便於騎射，長靴則是為了方便穿過大片山林草地。腰帶上有許多環孔，用來佩戴弓、箭、刀、礪石等隨身物件。

除了衣著，外觀上最大的不同，還包括北方民族獨特的「剃頭」習俗。為了便於騎射和遊獵，他們會剃掉一部分頭髮。

食

北方氣候寒冷，人們需要大量脂肪禦寒，因此北方民族多以肉食為主，較少吃米、麵、蔬菜等食品。牛肉、羊肉是北方的日常主食，馬乳、牛乳、羊乳和奶酪、酸奶也是最常見的食品、飲料。由於經常食用肥膩的肉類，所以

能幫助消化的中原茶葉一經傳入，就大受歡迎，飲茶之風盛行。除了喝茶，豪爽的北方民族還喜歡豪飲美酒。「大塊吃肉，大碗喝酒」，正是他們的日常飲食寫照。

住

在建立國家以前，北方各民族過著游牧、漁獵生活，逐水草而居，沒有固定住所。氈帳是他們不可缺少的傳統住所，材料來自放牧的牛羊。他們用動物皮毛「織」成帳篷，易於拆卸搬運又輕便，遷徙十分便利，更是打仗時必需的裝備。

早期的北方民族，不論貴族或平民，都住這種氈帳。從氈帳大小，就能判斷氈帳主人的社會地位與經濟實力。遷徙的時候，小的氈帳，一輛牛車就可以

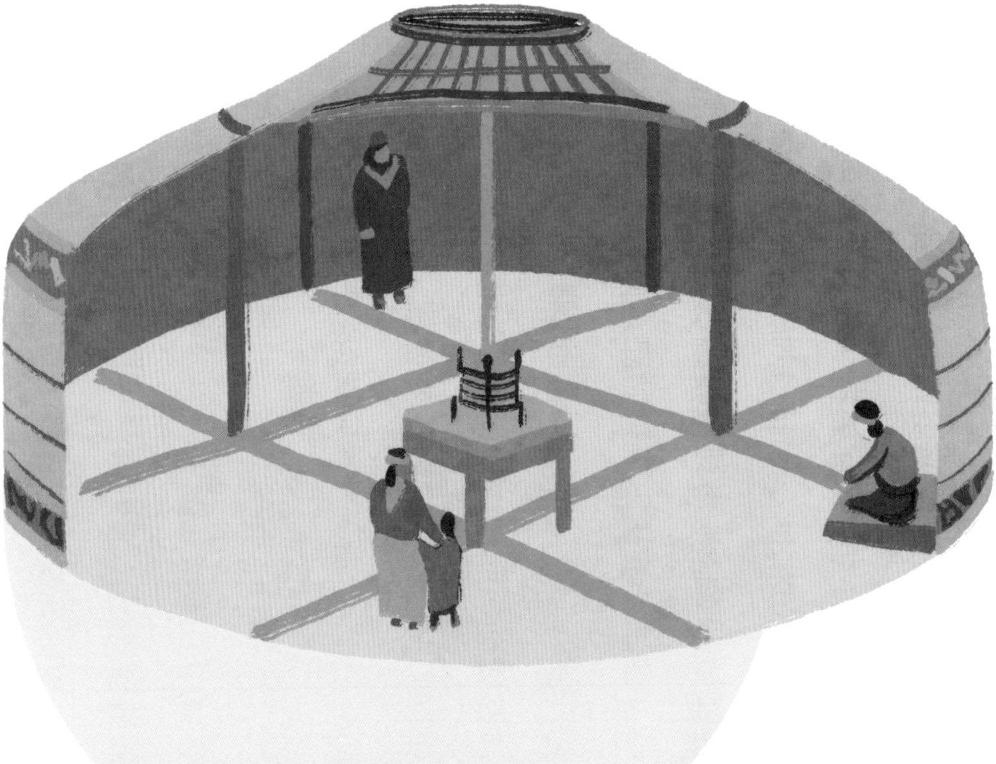

載走，大的氈帳，則要動用更多牛車。

行

在廣袤（ㄇㄠˋ）的草原和林地行走，馬是最便利的代步工具。因此，北方民族不分階級、不論男女老幼，都練就嫻熟的騎射本領。除了馬匹之外，牛、駱駝、驢，也是重要的日常交通工具。人們也利用馬、牛、駱駝等畜力牽引車輛，用來乘坐或裝運雜物。趕車人將二三十輛馱車，一輛接一輛的拴在一起，自己坐在第一輛車上駕馭，後面拴著的牛、駱駝，就乖乖跟著前面的車輛前進。

歷史事件01

契丹興起！

契丹是哪個民族？

契丹是歷史上一個非常古老而又剽悍勇猛的民族，生活在北方草原。現在的蒙古國，以及中國內蒙古和部分東北地區，都曾是它的領土。

契丹族流傳著這樣一則創生神話：相傳，一位騎著白馬

的神人，和一位騎著青牛的天女，偶然相遇在潢河與土河交會的木葉山。他們一見鍾情，結為夫妻，生下八個兒子，就是契丹的始祖，後來發展成為契丹八部，木葉山也被認為是契丹人的發源地。

北魏時期，契丹只是八個鬆散的部落，有著共同的祖先，各自過著漁獵生活，互不統屬。隨著時間推移，周圍的其他部落越來越強大，時常來搶契丹的人口和牲畜。天性勇

▶契丹流傳「青牛白馬」的傳說。

原來是這樣啊

契丹旗鼓

唐朝皇帝曾賜給契丹首領旗鼓，後來旗和鼓就成為契丹可汗的權力象徵，代表契丹部落聯盟的最高權力。擁有旗鼓的人，就是統領契丹各部的首領。

猛好戰的契丹人，當然不能忍受被欺負。於是到了隋末唐初，他們也結為更加穩固、更具凝聚力的部落聯盟。

草原形勢突變

這個部落聯盟，每三年舉行一次「家族世選」，以實力來推選其中一個姓氏的部落酋長，成為聯盟的共同領袖——「可汗」。為了在北方草原求生存，契丹八部中最強的大賀氏、遙輦氏，先後帶領契丹人小心翼翼的周旋於唐朝、突厥與回鶻之間，並臣服於他們。這樣持續到九世紀末，形勢開始轉變。

這個時期，東突厥的霸主地位，已於兩個多世紀前被回鶻取代；回鶻則因為內部長期統治無道，而在八四〇年解體；經歷黃巢起義的唐朝，也已經崩潰，徒剩空殼。北方草原忽然權力真空，鄰國陷入政治與軍事動亂，正好給了契丹發展的好機會。

迭剌部實力大增

這時候的契丹，是由遙輦氏統領。但是，契丹八部中的迭剌(ㄌㄚˋ)部（後改名為耶律氏）因與源自回鶻的一個氏族聯姻，兩邊建立了固定的婚配關係，並且率先從事先進的農業、冶鐵和製鹽等生產，於是由一個默默無聞的小部落，變成實力僅次於遙輦氏的大部落。

遼國的建立者耶律阿保機，便是出身於這個逐漸興起的部落。他父親是迭剌部的首領，伯父是契丹的「于越」，也就是契丹所有軍隊的統帥。從小，他就把軍事指揮當做日常訓練。九〇一年，身材高大、聰慧勇猛的阿保機，因多次果敢的軍事行動，建立名聲，被推選為迭剌部首領。兩年後，阿保機又被推選為契丹的于越，成為除了可汗之外最重要的人物。

阿保機透過連續征戰，獲得更多俘虜、駱駝、羊、馬、牛等戰利品，維持游牧民族的生計。他先是攻掠廣闊草原地區的室韋族、女真族、奚族，接著就以富庶卻衰落的中原地區為目標。

阿保機——新一代契丹領袖

自黃巢起義之後，唐朝就失去中央管理地方的力量。幾十個藩鎮擁兵自重，各據一方，分割疆土。阿保機想要打入中原，首先必須越過北方邊境的兩大勁敵——統治河東鎮（今山西一帶）的李克用，以及統治盧龍鎮（今河北一帶）的劉仁恭。因此，河東鎮和盧龍鎮，成為阿保機首先必須收服的重要據點。

就在這時，據守河東鎮的李克用，經過一番深思熟慮，率先向阿保機伸出橄欖枝——雙方訂立盟約，先共同對付劉仁恭，再一起消滅汴州軍閥朱溫。

其實，李克用的主要目標是朱溫，而阿保機則希望可以盡快奪取盧龍鎮。於是，九〇五年，雙方在雲州（今山西、內蒙古一帶）會盟，互相約為「兄弟」，交換戰袍與禮物，完成結盟。

▼耶律阿保機稱可汗，
契丹進入新時代。

大事記

世界

911年，西法蘭克國王查理三世將諾曼第一帶封給諾曼人首領，諾曼第公國建立

中國

907年，耶律阿保機成為契丹可汗

後來，阿保機因為無利可圖，並沒有履行約定，但由此可見阿保機已被視為契丹領袖。

自九〇三年阿保機的伯父被殺後，他就集契丹部落聯盟的軍政大權於一身。一面不斷向周圍游牧部落用兵，一面向中原發展勢力，插手中原事務。九〇七年，他取代遙輦氏，成為聯盟的可汗，契丹的歷史也展開了新的篇章。

原來是這樣啊

三支箭遺言

據《新五代史》和《舊五代史》記載，雲州會盟之際，李克用左右的人都勸他趁機擒住阿保機，李克用拒絕了，但阿保機利用這件事做為毀約的藉口。實際原因，則是阿保機認為雙方聯盟無利可圖。第二年，阿保機轉身又與朱溫結為同盟。

李克用死前，含恨交給兒子李存勖三支箭，第一支箭要他征討宿敵劉仁恭；第二支箭攻打背信的阿保機；第三支箭消滅朱溫。之後，李存勖在對盧龍鎮、契丹和汴州發兵時，都會取出其中一支箭，由部將帶在身上衝鋒。凱旋後，拿敵方的首級連同那支箭，祭拜李克用。

歷史事件02

他們是怎麼從部落變為國家的？

草原上的漢城

阿保機十分重視如何安置並善用漢人俘虜。漢人俘虜韓知古、康默記，建議阿保機仿照幽州城（今北京），在北方草原上建城，建立了第一座適宜漢人居住的「漢城」。城中設施完備，不僅有城樓、街道和市場，還有祖廟、驛站。

阿保機善待那些來到契丹的漢人工匠，為他們提供生產條件；也善待普通漢人百姓，率領他們耕種。這裡成了一座洋溢著商業活力的城市，漢人百姓在這裡安居樂業，甚至不想回到中原；也有飽受戰爭摧殘的邊疆百姓，自願逃來漢城。在這之後，契丹一座接著一座的建立「漢城」。

◀工匠辛勤勞作，建設「漢城」。

阿保機登基

按照約定，可汗之位由耶律氏的阿保機擔任之後，每三年就會在這個姓氏中重新推選一次。但是，阿保機並不打算讓位給他的兄弟。城裡的漢人對阿保機說：「我們中原的皇帝，從來沒有說到了期限就要被取代的。」這下子，阿保機更加堅定了「不讓位」的決心。

三年又三年，一直過了九年，阿保機還是霸著可汗之位，不肯交出。這九年之間，阿保機的兄弟一再發動叛亂，但都被阿保機平息了。隨後，阿保機索性舉行了漢人的登基儀式，宣布自己為契丹國的皇帝。契丹就這樣從部落成為國家。

全新的國家制度

建立國家之後，阿保機著手制定一套全新的國家制度。他確立長子耶律倍成為皇位繼承人。從此以後，契丹不再遵從傳統的選舉制度，改採世襲制度。接著，為了管理國內不同民族，阿保機建立一套「胡漢分治」的管理方式，將中央的官制分為南北兩套獨立系統。北面官制（又稱國制），依照契丹的法律，管理契丹與其他游牧、漁獵民族。南

▶「四時捺缽」是契丹部落的傳統制度。

面官制（又稱漢制），依照中原漢人的法律，管理漢人和渤海人（住在中國東北、朝鮮半島東北）。一朝兩制，讓各個民族的百姓都能適應。

緊接著，開始像漢人君主一樣，修建都城。阿保機修建的上京城（今內蒙古巴林左旗東南），參考了中原都城的設計，同時保留了北方游牧民族的特色。整座城市從空中俯瞰，是個大大的「日」字，非常鮮明的分成北城、南城。北城是契丹人居住的皇城，南城則分配給漢人及其他民族居住。皇城內，有著像漢人城池一樣設施完備的城牆、城門、官署、寺廟和孔廟等。

雖然建立了都城，但是契丹人還是無法改變游牧民族的習性。因此，阿保機保留契丹部落聯盟時期的傳統制度——四時捺鉢（四季遷徙）。「捺鉢」是契丹語，意思是「皇帝行走中的宮殿」，即「行宮」。

契丹的皇帝，大部分時間都不在皇宮，而是根據季節變化，待在不同的地方。春天在鴨子河泊（今吉林）釣魚、捕捉天鵝，夏天在永安山（今內蒙古）等地避暑，秋天在伏虎林（今內蒙古）圍獵，冬天則在廣平淀（今內蒙古）避寒。

但是，捺鉢也並不是單純的遊獵而已，契丹的所有軍政大事，

約925年，耶律迭剌創製契丹小字

▲ 契丹銅鏡，背面書有契丹文字。

都是在捺缽進行決策的。春捺缽和秋捺缽，主要處理契丹與所屬民族之間的關係；夏捺缽和冬捺缽，主要召集南北大臣商討國家內政。因此，上京對契丹皇帝來說，不過是一個臨時住所，捺缽才是契丹的國家政治核心。

就這樣，這個融合契丹與中原兩種文化特點的新國家，不再向中原王朝稱臣，「名正言順」與中原王朝對立。

原來是這樣啊

契丹文字

建國以前，契丹人並沒有文字，使用原始「刻木為契」的方法，透過在木片上刻痕來記錄數字、事件和傳遞信息。阿保機稱帝後，就命人在漢人協助下，根據漢字創造契丹文字——契丹大字。阿保機的弟弟耶律迭剌在學習了回鶻文之後，又參考回鶻文，創造了契丹小字。因此，契丹的文學作品可以用契丹文及漢文兩種文字撰寫。目前，契丹大字、小字均有發現，但由於與漢字對譯的資料太少，直到今天仍然很難完整譯讀出來。

大事記

世界

921年，阿拉伯人巴爾基編成第一部《世界氣候圖集》

中國

918年，契丹開始營建都城上京

920年，耶律魯不古、耶律突呂不，受命創製契丹大字

原來是這樣啊

阿保機登基

阿保基出任契丹八部的可汗，卻拒絕依循每三年重選一次的傳統。到了九一六年，其他七個部落忍無可忍，聯合要求阿保機退位，恢復契丹原有的選舉制度。阿保機歸還了象徵汗位的旗和鼓，說：「我當可汗九年了，這期間，我們吸納了大批中原漢人。我想另立一個部落，專門治理漢城。」各部答應了阿保機的請求。

不久，阿保機派人通告各部首領：「你們食用的鹽，都是來自我漢城的鹽池，你們都應該來犒勞我和部下。」各部首領覺得有道理，紛紛帶上牛和酒來。沒想到，阿保機設下了埋伏，將各部首領殺了，併吞各部，自立為王。

真寂寺（今善福寺）

契丹皇帝崇信佛教，遼國境內佛寺遍布。真寂寺是目前已知唯一一座遼國石窟寺，石窟中的佛像造像，融合遼、唐、宋的不同時代特徵。大殿面向東南，這與契丹民族「崇拜太陽」的習俗有關。

歷史事件03

向中原擴張，稱霸北方！

阿保機家族的危機時刻

阿保機建立契丹國之後，不忘向周邊擴張。很快，他就將契丹東邊的渤海國收歸囊中，將它改名為東丹國，並安排太子耶律倍出任這個新屬國的國主。不料卻在從東丹國返回遼國途中，因病去世。

開國皇帝突然死在前線，危機當前，能幹的皇后述律平展現了她的冷靜與智慧。阿保機去世第二天，皇后述律平就開始親掌國家軍政大權，命令遠征軍的主力部隊，護送阿保機的靈柩緩慢回朝。在她安排下，隊伍走了一個多月才回到上京。她則利用這段時間進行部署，確保朝廷仍在阿保機家族掌控之下。

九二七年，就在阿保機去世後第二年秋天，皇陵建成，阿保機正式安葬。按照契丹習俗，述律平理應與其他三百多人殉葬。但述律平拒絕殉葬，她對聚集在皇陵前的契丹首領說：「我也想與亡夫同去，但是，兒子年齡尚小，國家無人治理。我如果去了，契丹國的前途不就危險了嗎？」說罷，她揮刀砍下右手，放入阿保機的棺槨（ㄍㄨㄛˇ），以示代替自己殉葬。如此，各部首領都不再說話了。

繼承人的選擇

契丹國的一切，都在這位「斷手皇后」的掌控中，包括繼承皇位的人選。下一任國主人選，本來早早就確定是博學多才的太子耶

942年，巴格達作家哲海什雅里逝世，據傳他曾收集整理《一千零一夜》

10世紀前期，契丹改官制，分南面官、北面官，依不同習俗，分治漢人和契丹人

律倍。耶律倍溫文爾雅，會使用契丹文與漢文兩種文字寫作，並且有高超的繪畫才華，最擅長畫人物騎射。不僅如此，喜愛中原文化的他，還精通音樂、醫學、占卜。然而，這些才能，對於重視戰鬥傳統的契丹民族來說，都不是什麼加分。述律平內心的天平，倒向了屢建戰功的二兒子耶律德光。

原來是這樣啊

契丹繪畫

契丹的繪畫深受漢文化影響，多以水墨畫描繪契丹的草原風光與騎射生活。耶律倍與名畫家胡瓌、胡虔父子的繪畫，在宋朝被譽為「神品」。

大事記

世界
- 928年，布拉格城首次出現在歷史記載中
- 930年，冰島人於辛格維爾平原首次成立露天議會（國會）

中國
- 926年，契丹滅渤海國

她要求耶律倍和耶律德光二人，一同騎馬立於她的帳前，然後對契丹各首領說：「兩個兒子，我都是一樣疼愛，不知道要立誰為好。你們認為應當立誰，就來拉一下他的韁繩。」大家都明白述律平的心思，於是爭相擁立二皇子耶律德光。就這樣，耶律倍回到東丹國，耶律德光則成為契丹第二任皇帝。

燕雲十六州

耶律德光是個雄心勃勃的征伐者，他沒有辜負述律平的期待，繼續向中原擴張。與阿保機在位時期相比，本就風雲變色的中原形勢，在這個時期又發生許多變化。中原北方土地上，先是後梁建立，後來，後唐滅掉了後梁。到耶律德光統領契丹時，後唐是阻礙契丹向中原擴張的主要對手。但後唐這個新王朝也不穩定。九三六年，後唐官員石敬瑭起兵叛亂，引發其他地方反叛。

面對後唐進攻，石敬瑭向契丹求助。耶律德光眼見機會來了，親自率領騎

▼耶律倍？耶律德光？該選擇哪
位皇子做下一任的契丹皇帝？

兵南下，幫助石敬瑭打敗後唐軍隊，並封石敬瑭為後晉的皇帝。石敬瑭為此付出的代價，是將包括幽州（今北京，古燕國地）在內的十六個州，割讓給契丹，並認耶律德光為父親，自稱「兒皇帝」。

儘管他們之間的約定，幾年後隨著石敬瑭去世而生變，但是契丹已擁有了進攻中原的戰略關隘。

很快的，耶律德光找到藉口，滅了後晉。之後，中

962年，德意志民族建立神聖羅馬帝國

963年，宋太祖命竇儀等人制定《宋刑統》

原經歷了後漢、後周兩個王朝。直到九六〇年，趙匡胤在陳橋發動兵變，建立北宋，開始統一中原。趙匡胤將南邊的獨立國家：後蜀、南漢、南唐……一個接一個消滅。九七九年，北宋第二任皇帝宋太宗，消滅了最後一個獨立政權——北漢。長久以來，宋人對於燕雲十六州被遼國奪去，始終耿耿於懷，這時開始集中兵力，醞釀與遼開戰。

▶ 為了成為中原新王朝的皇帝，石敬瑭將燕雲十六州送給契丹。

大事記

世界

951年，德意志國王鄂圖一世率軍入侵義大利

中國

947年，契丹改國號為大遼

960年，北宋建立

用談判來結束戰爭吧！

正當中原忙著統一時，契丹已改國號為大遼，並經歷了世宗、穆宗、景宗三代，進入國家發展穩定期。此時，大遼也有向南擴張的企圖。

一〇〇四年，遼聖宗親率兵馬大舉進攻北宋，直打到黃河岸邊。膽小怕事的宋真宗，被大臣寇準力勸親征，宋軍士氣大受鼓舞。遼

聖宗評估自己深入敵方，況且宋朝皇帝還御駕親征，不宜久戰。而宋真宗本就很怕打仗，於是宋遼雙方進行談判，次年初簽訂「澶淵之盟」，結束了這場大戰。

澶淵之盟，約定雙方為親密的「兄弟之國」，遼、宋皇帝互稱「兄弟」，稱對方朝廷為「南朝」、「北朝」。契丹族的遼國，此時與中原政權北宋，已經平起平坐了。另外，北宋每年要

▶ 宋真宗不想打仗，希望能透過談判終止戰爭，最後宋遼簽訂「澶淵之盟」。

給遼國十萬兩銀、二十萬匹絹，並在雙方邊境開放榷場，進行邊境貿易。

這些銀絹，大大充裕了遼國國庫。開放榷場，讓宋的茶葉、瓷器、稻米、絲織品，與遼的羊、馬、駱駝等牲畜，可以自由交換，滿足雙方百姓的需要。

就這樣，澶淵之盟維持了一百年。這一百年間，北宋飽受西邊另一個游牧民族西夏的侵擾，但是與遼的局勢卻算穩定，沒有受到太大威脅。並且，遼與歐亞大陸各國和平交往，文化、經濟都得到發展。

約11世紀起，英格蘭人逐漸採用姓氏

992年，北宋設磨勘京朝官院，考核京朝官

994年，契丹頒行《大明曆》

1005年，遼宋達成「澶淵之盟」

原來是這樣啊

契丹陶瓷

契丹的瓷器採用中原北方的白瓷工藝，但基於游牧的使用特性，造型狹長，有耳可以穿繩，方便騎馬攜帶，與中原瓷器外型大相逕庭。

大事記

世界

977年，神聖羅馬帝國皇帝鄂圖二世因洛林與法國爆發戰爭

中國

975年，北宋攻佔金陵（今南京），滅南唐

990年，契丹冊封李繼遷為西夏國王

歷史事件04

遼國「最後的晚餐」！

遼走上末路 金日益強大

久經太平的遼國，步入十一世紀後，由於習慣了太平生活，王公貴族征伐的野心已淡，整個國家停滯不前。到了第八任皇帝遼道宗統治期間，他任用奸臣，不理朝政，國家逐漸衰落。糟的是，他的繼任者同樣昏庸。眼看遼國就要走上末路了。

此時，遼國境內一個漁獵民族女真，卻悄悄興起。

女真是在隋唐時期形成的部落民族，原本臣屬於渤海國。九二六年，阿保機滅渤海國之後，它就順理成章的臣服於契丹。

後來，女真人建立了自己的國家──金。金的開國皇帝完顏阿骨打的祖父時代開始，女真各部逐漸統一，實力也日益增強。

女真人世代生活在現在的東北地區，擅長漁獵。遼國貴族、官吏經常向女真各部落壓榨勒索，或用極低的價錢向女真人強購貨物，令女真人十分不滿。多年積累的怨氣，只等一個爆發的出口。

▲契丹人總向女真人索要珍貴的海東青（一種兇猛的老鷹），做春獵時用。

頭魚宴引發的戰爭

還記得契丹人的「四時捺缽」制度嗎？每年春季，遼國皇帝都要進行春獵，並將屬國或部族首領邀請到捺缽地點，舉行「頭魚宴」，款待大家。一一一二年春天，遼天祚帝耶律延禧在混同江（今松花江）捕魚，興緻勃勃的依例邀請各部落首領參加宴會。宴會中，他要求每位首領獻舞一曲。輪到完顏阿骨打，阿骨打卻當場再三拒絕，宴會不歡而散。

◀北方游牧民族在度過漫長冬季後，進行春獵補充食物。他們在春天捕到第一尾魚的時候，會舉行盛大的「頭魚宴」慶祝。

宴會後，耶律延禧還在猶豫是否要除掉阿骨打，認為自己受到侮辱的阿骨打卻已下定決心滅遼。一一一四年起，阿骨打率領女真部落舉兵攻遼。第二年，不善打仗的耶律延禧親率七十萬大軍在混同江迎戰，卻落得慘敗。一直觀望戰局的北宋，此時聽到消息，主動向阿骨打提議結盟，聯手攻打遼。在金與宋雙重夾擊下，遼國於一一二五年滅亡。

這之後，遼國貴族召集契丹殘部，陸續建立起西遼、東遼、北遼與後遼政權，讓遼國「續命」百餘年，但是，它已經不具與金爭奪「北方霸主」的實力了。

大事記

	1115年	1120年	1125年
世界			
中國	1115年，遼天祚帝親征金國，大敗	1120年，宋金訂立「海上之盟」	1125年，金軍擒獲遼天祚帝，遼滅亡

歷史事件05

女真族建國，取代遼！

還記得遼宋之間簽訂的「澶淵之盟」嗎？自那以後，北宋與遼國和平共處一百年。可是，當遼國放鬆警惕、高枕無憂時，原本臣屬於它的女真族（生女真）卻悄悄興起了。

女真是哪個民族？

女真是個非常古老的民族，世代生活在中國東北地區。但直到五代或更早的時候，歷史上才開始有「女真」這個名稱。那時候，生女真分為許多個部落，部落之間常常發生戰爭。完顏部的祖先，率先團結內部，實力逐漸增強。之後，生女真各個部落又順理成章以完顏部為中心，組成了像契丹一樣的部落聯盟。

金國建立

由於實力尚弱，一時難以與強大的契丹相抗衡，女真不得不向遼國稱臣進貢，以求生存。可是，遼國統治者並沒有善待這些生活在遼國邊疆的女真人。他們讓女真人戍守邊境，借用女真族的兵力征討鄰國，又強迫女真人冒著生命危險陪契丹皇室貴族遊獵，為他們捕捉海東青等獵物當做貢品。

備受欺負的女真人，對遼國恨之入骨，期盼早日擺脱控制。剛剛繼承女真首領之位的完顏阿骨打，更是誓言滅遼。

約1113年，柬埔寨開始修建世界上最大的廟宇吳哥寺

1113年，完顏阿骨打繼任女真首領

約1114年，印度數學家婆什迦羅出生

1114年，女真開始實行猛安謀克制

◀遼國貴族強迫女真人為他們捕捉海東青。

大事記

世界

1066年，諾曼人征服英格蘭

1088年，歐洲第一所大學義大利波隆那大學創建

中國

阿骨打深知遼國天祚帝昏庸無能，遼軍軍備廢弛，於是做足了準備，在一一一四年起兵攻遼。第一仗，阿骨打就大獲全勝。這時候，阿骨打的叔叔完顏阿離合懣讓自己的兒子完顏宗翰去勸說阿骨打稱帝。阿骨打卻謙讓：「才打了一場勝仗就立刻稱帝，不好吧！」宗翰又找來阿骨打的弟弟完顏蒲家奴和阿骨打最信任的渤海人楊樸前來勸說。他們都主張：「儘早建國稱帝，才能攏絡天下人心啊！」阿骨打這才稱帝，定國號為「大金」，時間是一一一五年。

原來是這樣啊

生女真和熟女真

女真人分為「生女真」、「熟女真」。九二六年，阿保機消滅渤海國之後，一部分女真人隨之南遷到遼國，加入遼的國籍，這部分女真人被稱為「熟女真」。另一部分留在故地的女真人，沒有加入遼籍，只是成為遼的屬國，這部分女真人被稱為「生女真」。建立金國的是生女真。

女真國號由來

女真人將自己的國家稱為「大金」，是因為完顏部的祖居地在「按出虎水」（今阿什河）。按出虎在女真語就是「黃金」的意思。

「海上之盟」共同滅遼

建國之後，阿骨打毫不遲疑的向遼進攻。一一一五年，阿骨打親率兩萬金兵，在混同江大敗遼國七十萬大軍。這次戰役，金軍威震四方，遼則國威掃地。戰報很快也傳到了北宋朝廷。

雖然宋與遼維持了近百年的和平，但是，收復五代時期被契丹佔領的燕雲十六州，一直是宋朝歷代皇帝的心頭大事，見遼被金打敗，宋徽宗很高興。他暗中派人出使金國打探消息，得知女真人對遼國的仇恨很深，便正式派遣使臣，與金國商討共同滅遼。

北宋到了宋徽宗時，也是內外交困。聯金滅遼、收復燕雲十六州，是宋徽宗所能想到的、維護搖搖欲墜統治的最好辦法。而金這時候將精力全部集中在攻打遼國，對西夏、高麗、北宋等其他鄰國，暫時採取和平共處的對策。所以，雙方談了幾次之後，於一一二〇年定下盟約。宋答應滅遼之後，將此前「澶淵之盟」給遼國的銀絹，改為給金國；金國則承諾將燕雲十六州歸還給宋。由於雙方使臣有意繞過遼國，特意以渡海方式往返，因此這次盟約被稱為「海上之盟」。

「海上之盟」簽訂後，金、宋聯手攻遼。戰爭進行中，阿骨打卻於一一二三年病逝。阿骨打的弟弟完顏晟隨後即位，繼續攻打遼國。一一二五年，遼天祚帝被俘虜，遼國滅亡。

盟友變臉　金滅北宋

宋以為與金國聯手不僅可以滅遼，還可以收回燕雲失地，卻沒想到金國把遼滅了之後，金、宋二國就正式接壤了。如果金國轉而攻宋，宋又如何能抵擋呢？

其實，金國一面進行滅遼的戰爭，一面也已開始籌畫南下攻宋了。於是，在擒獲天祚帝之後，金國轉而攻打宋朝。一一二七年，金軍直抵汴京（今開封），俘虜宋徽宗、宋欽宗，將二人貶為庶人（普通老百姓），北宋滅亡。隨後，康王趙構（宋欽宗的弟弟）即位，並逃到江南，開始了南宋的歷史。

南北對峙的局面

滅了北宋之後，金軍繼續向南，想要一鼓作氣的消滅南宋。但是，南宋在岳飛、韓世忠等人力守下，屢次轉危為安。眼看南宋暫時穩住了局面，並非不堪一擊，金國決定暫停戰爭，與南宋議和。另一邊，儘管宋軍連連打了勝仗，然而，宋高宗趙構唯恐將領軍權過大，仍執意向金乞和。雙方在一一四二年定下和議，史稱「紹興和議」，南宋向金稱臣，並且退到秦嶺、淮河以南，守著東南的半壁江山。

金與宋南北對峙的格局形成，金國從此取代遼國，成為北方霸主。

▶ 金與南宋，形成南北對峙局面。

1130年，耶路撒冷王國准許在國內重要城市開闢商業特區，供威尼斯商人專用

1140年，西西里國王下令，未經政府考試證明已完成必修課程的醫生禁止開業

1138年，金國創製女真小字

◀「萬鷹之神」海東青。

原來是這樣啊

女真文字

女真族一開始沒有文字，只能使用契丹文字與漢字。金國建立以後，基於外交需要，阿骨打命令參照契丹字，創製了女真大字。後來金熙宗時期又創製了女真小字，並設置女真文字學校，讓百姓學習使用女真文字。但是到了金朝晚期，能說女真語、寫女真文的人越來越少了，金世宗完顏雍感到十分惋惜，不止一次提倡恢復女真文字。

大事記

世界
- 1115年，義大利佛羅倫斯成為獨立的城市公社
- 1129年，特魯瓦宗教會議召開，確認了聖殿騎士團的合法地位等

中國
- 1115年，完顏阿骨打稱帝，建立金國
- 1127年，金軍擄走宋徽宗、宋欽宗，滅北宋

歷史事件06

短暫輝煌的大金王朝

國家制度「漢化」

金國前兩任皇帝阿骨打和完顏晟（女真名：完顏吳乞買），只花十多年時間，就滅了遼和北宋，為大金國打下江山，但是他們無暇好好建立國家制度。直到第三任皇帝金熙宗完顏亶（ㄉㄢˇ）（女真名：完顏合剌），金國才有比較完善的國家制度。

完顏亶廢除了女真部落傳統的勃極烈制度（「勃極烈」是女真語「官員」的意思），改採像中原皇帝一樣至高無上的權威。在勃極烈制度下，如果遇到軍國大事，皇帝需要與幾位核心官員集體商議決定；而如果皇帝犯了錯誤，同樣需要接受象徵性的處罰。勃極烈制度廢除之後，皇帝就可以獨裁。完顏亶還仿照漢官制度，將女真內外職官，按照等級，全改為相對應的漢人官職，這就是「熙宗改制」。女真人的國家制度越來越「漢化」，也越來越精簡，並且變得更強大。

◀驍勇善戰的女真民族，「漢化」後，逐漸「棄武從文」，放下弓箭盔甲，拿起書卷讀書。

大舉南侵竟失利

可是，災難隨後降臨。擅長詩文、喜歡漢文化，卻充滿野心的海陵王完顏亮（女真名：完顏迪古乃），不滿完顏晟將皇位傳給完顏亶，於一一五〇年親手殺了堂兄完顏亶，登上帝位。完顏亮不顧大臣反對，撕毀與宋的合約，試圖消滅南宋，一統中原。

完顏亮將都城遷到燕京（今北京），並在南邊的汴京（今開封）營建宮室，準備以汴京做為南侵的跳板。一一六一年，他調動六十萬兵馬，號稱百萬大軍，大舉南侵。

然而，事情並不如完顏亮預期。南宋以二十萬兵馬反擊，金軍竟然一敗塗地。不僅如此，完顏亮為了入侵南宋而修建豪華都城，大事征調勞役，導致國內百姓逃的逃、造反的造反。堂弟完顏雍又趁他南下侵宋，在東京（今遼陽）稱帝，成為金國新皇帝。完顏亮進退兩難，

約1163年，法國巴黎聖母院動工興建

1153年，完顏亮詔令遷都燕京

在混亂中被手下殺死，結束了十一年的帝王生涯。

國勢急轉直下

為了穩定混亂的局勢，金世宗完顏雍即位後，將都城遷回中都（今北京），並試圖與南宋止戰。不過他頗有手段，並非一味妥協求和，而是一面出兵攻打南宋，一面向南宋表達和好意願。

南宋這邊，剛即位的宋孝宗，原本立志收復北宋江山，並不理完顏雍這一套。不料經過數年交

原來是這樣啊

縱偷日

金國懲治盜賊非常嚴厲，唯有在正月十六這一天，會網開一面的「縱偷」，偷盜別人的財物甚至妻女，都不會被施加刑罰。這可以看做是原始社會財產公有的一種遺跡吧！

大事記

世界	
中國	1145年，金國正式使用女真小字；1150年，金熙宗去世，完顏亮自立繼位

戰，始終不能渡過黃河，這才願意和談，定下「隆興和議」。南宋不再向金稱臣，雙方以叔侄相稱。這之後，金宋兩國相安無事，在完顏雍治理下，金國也享有二十多年治世。

自完顏雍以來，天下太平，女真人逐漸失去他們驍勇善戰的本事。在女真傳統中，「猛安」與「謀克」，是社會的基本組織單位（類似「千夫長」、「百夫長」）。阿骨打起兵時，規定三百戶為一個謀克，十個謀克組成一個猛安，以此為單位選拔士兵。他們平時射獵，戰時就組成英勇的軍隊攻打敵人。

到了金國第六任皇帝

原來是這樣啊

女真進士科

金國建立後，學習漢人制度，用「科舉取士」選拔人才。不同於遼國禁止契丹人參加「漢式」科舉考試，金世宗完顏雍卻專門為女真人增設了「女真進士科」。

1196年，倫敦市民暴動，反對英王重稅壓迫，遭到鎮壓完顏璟統治時，軍中掌權者，多數已非憑實力獲得職位，而是憑貴族身分世襲，作戰能力大不如前。這些人在地方上欺壓百姓，兼併土地，引起百姓不滿。皇宮之內，完顏璟又過於寵愛妃子李師兒，導致李師兒與宰相聯手干政，金國危機重重。

蒙古崛起　金國衰落

就在這個關頭，位於金國北方的蒙古高原，乞顏部貴族鐵木真完成統一，實力逐漸強大起來。由於金國向來對蒙古人百般欺壓，甚至每三年剿殺一次，稱為「減丁」，蒙古人對金國的仇恨，不亞於當年金國對遼國的仇恨。成吉思汗鐵木真親率兵馬，大舉伐金。

蒙古部落並不是忽然崛起的，早在金熙宗完顏亶時期，他們就時常在邊境出沒。為了防蒙古騎兵進犯，金國築了邊堡、挖了溝壕、

大事記

世界
約1168年，英國牛津大學創建
1192年，日本設鐮倉幕府，開啟幕府政治

中國
1191年，金國推行漢字，棄用契丹文字

建築城郭來防守

蒙古人伐金的消息，迅速傳遍周邊國家。南宋得知，也趁機北伐。儘管結果是南宋戰敗求和，但仍然消耗了金國不少兵力。而自金建國以來，一直與金國保持友好關係的西夏，也因為一二〇九年被蒙古攻打時，向金國求援，金國卻見死不救，雙方關係破裂。西夏也開始趁亂侵犯金國邊境。

曾經輝煌的金國，就要走到盡頭。

原來是這樣啊

金長城

金國修築邊堡、溝壕，成為後來明朝長城的前身。

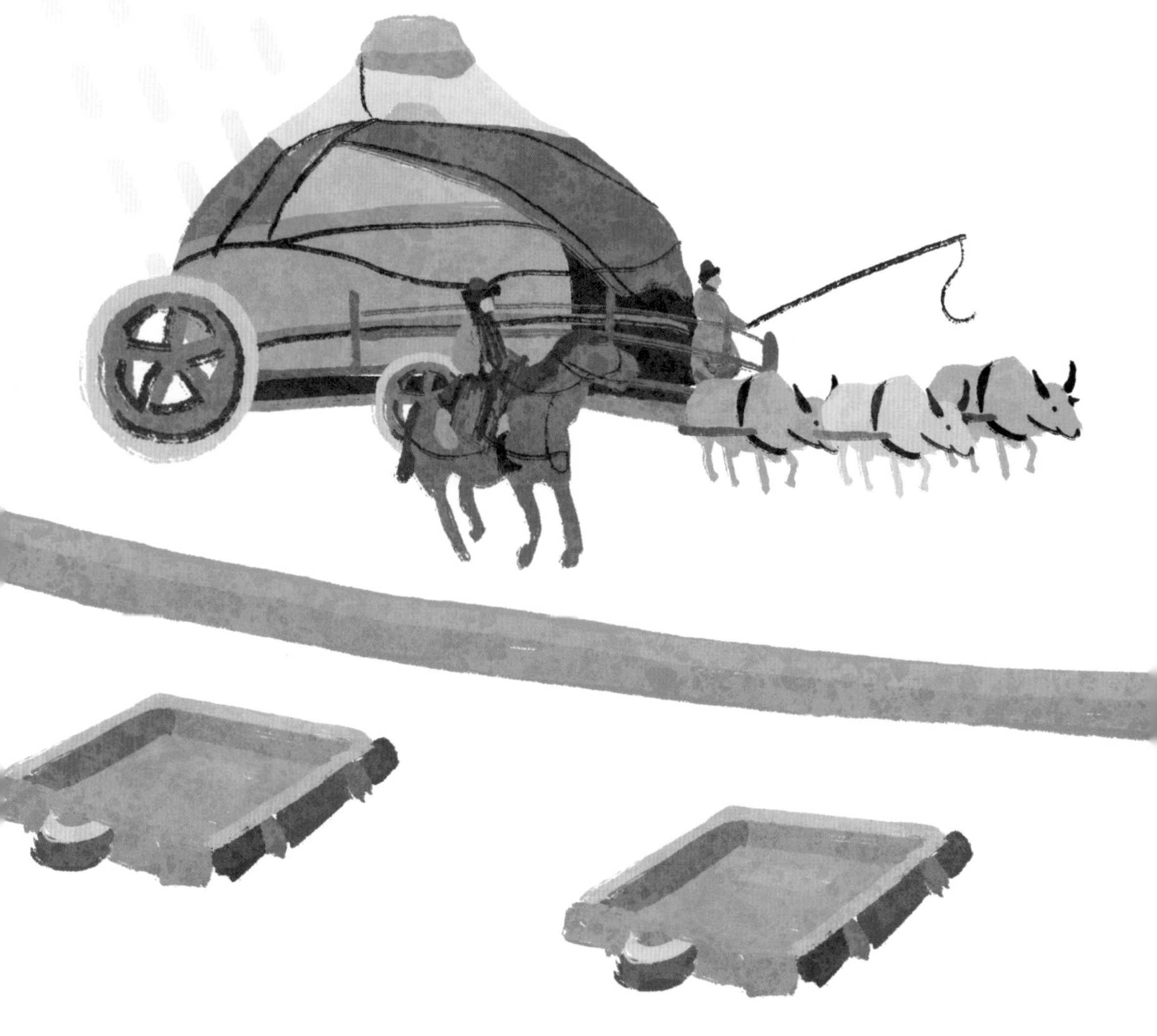

▼蒙古部落不滿金國已久，時常騷擾金國邊境。為了抵禦蒙古侵襲，金在邊境修築了邊堡和界壕。

歷史事件07

百年前的歷史悲劇重演

金國滅亡

金國第九任皇帝完顏守緒即位時，金國只剩南邊的半壁江山。為了集中兵力對付蒙古進攻，完顏守緒選擇與南宋、西夏和好。

但是在蒙古騎兵快速征伐下，這些權宜之計已經毫無用處。一二二七年，成吉思汗派軍圍攻西夏中興府。同年，鐵木真病死軍中。半年後，西夏被蒙古攻滅，鐵木真臨死前，留下了「聯宋滅金」的遺囑。由於宋與金是世仇，他認為蒙古提議「聯宋滅金」，南宋一定會答應。

情況果真如鐵木真所料。一二三四年，在蒙古與南宋聯合圍攻下，金國潰敗。完顏守緒絕望自殺，在戰亂中匆忙即位的末帝，被亂軍殺死。歷時近一百二十年的金國滅亡。

大放異彩的科技與文化

金國最後幾十年，不是國內叛亂，就是西、北、南三方鄰國交互對它侵伐，陷入一場接一場的戰爭。但是，也正是在這個特殊的戰亂時期，科技與文化大有進展。

長期戰爭造成大量傷亡與瘟疫肆虐，這種時候，醫學更顯得重要。這一時期，最有名的醫生是劉完素、張從正、李杲（ㄍㄠˇ），他們三人與元朝的朱震亨，發明了去熱、攻下、補脾、滋陰等不同的中醫治療方法。

金元之際的詩人元好問，痛心金國的衰亡命運，作了許多抒發國破家亡之感的詩作，後世稱為「喪亂詩」。蒙古重臣耶律楚材也因為元好問的名氣，想請他入蒙古做官。可是元好問無意做官，堅持留在家鄉隱居。

喪亂詩

岐陽三首（其一）

突騎連營鳥不飛，北風浩浩發陰機。
三秦形勝無今古，千里傳聞果是非；
偃蹇鯨鯢人海涸，分明蛇犬鐵山圍。
窮途老阮無奇策，空望岐陽淚滿衣。

▶ 詩人元好問，寫過許多感歎國破家亡的詩句。

原來是這樣啊

充滿歷史巧合的青城

還記得北宋滅亡時，被金國俘虜的宋徽宗、宋欽宗嗎？金軍將他們從青城（汴京附近）押往金國。沒想到，百年之後歷史重演。只不過，這次是金國后妃與皇族，在青城被蒙古人俘虜。難怪元朝初年的郝經在〈青城行〉詩中寫道：「天興（金哀宗年號）初年靖康（宋欽宗年號）末，國破家亡酷相似。」

盧溝橋

古代，盧溝橋附近就是一個重要渡口，但是並沒有固定的橋梁。金遷都燕京後，為了改善對外交通，修建了這座石拱橋，曾在元朝任職的義大利人馬可·波羅，還特地將它介紹給西方世界。這座八百多年前修建的橋，直到今天仍在使用。

天元術

天元術是中國古代數學家列方程式的方法。金元時期，數學家李治撰寫《測圓海鏡》，用「元」表示未知數，用「太」表述常數，就可以列出數據之間的關係進行計算。

歷史事件08

黨項人，鮮卑貴族的後代

從司馬遷撰寫《史記》開始，歷朝史官都會為前朝編修史書，留下它們在歷史長河中的痕跡，這叫做「正史」。但是，為宋、遼、金編修正史的元朝，卻沒有將當時與它們並立的西夏列入其中。其實，被當成宋、遼、金、元配角的西夏國，也曾經雄霸一方，有過近兩百年的輝煌。

黨項人建立西夏

黨項人，據說是漢朝時候，羌人支系當中的一支。最初，他們像契丹一樣，也是中國北方土地上一支零散的游牧部落。七世紀前後，黨項人口增加，實力逐漸壯大。為了獲得領土和食物，不時侵擾周邊。

黨項迅速壯大，引起吐蕃、大唐這兩大鄰國的警惕。吐蕃對黨項的策略是攻擊，唐朝對吐蕃的策略是招撫，黨項最終選擇投靠唐朝。唐太宗李世民對黨項及其他前來依附的少數民族，實行獨有的「羈縻政策」，也就是讓少數民族自治，唐朝透過控制部落首領，來控制整個部族。黨項人不需要像唐朝百姓一樣繳納賦稅，可以自由的繁衍後代。

但是，黨項正好地處吐蕃與大唐中間。吐蕃經常侵擾大唐，每次必定會先攻打黨項。飽受戰爭之苦的黨項，不得已向唐朝請求內遷。唐朝也十分擔心黨項與吐蕃聯合，便答應了他們的請求。

多年後，黨項從青藏高原遷徙到黃土高原定居下來，並且分為東山部、平夏部、六府部、南山部等幾個部落。

失落的鮮卑貴族後裔

平夏部的首領是拓跋氏，正是後來建立西夏國的部落，他們自稱是北魏皇族後裔。相傳北魏時期，孝文帝進行改革，實施「漢化」政策，造成族人不滿，部分族人離開中原，回到祖居地生活。「拓跋氏」正是在那時由原本的鮮卑貴族降為普通百姓，流落到吐谷渾（黃河上游國家），與羌人融合。

成為一個獨立王國

八八一年，拓跋氏的首領拓跋思恭帶領黨項人，幫助唐朝鎮壓黃巢起義。黃巢起義平定之後，唐僖宗論功行賞，任命有功勞的拓跋思恭為夏州節度使，不久又封他為夏國公，賜他皇室「李」姓。

此後，平夏部的拓跋氏，世世代代都以李為姓氏。不僅如此，唐還將夏、銀、綏、宥、靜等五州土地（今內蒙古鄂爾多斯到陝西北部一帶）賜給他，允許他擁有自己的軍事力量。在唐朝支持下，很快，拓跋氏就變成黨項部族中實力最強的一支，成為一個實際獨立的王國。

◀原本姓拓跋的黨項族平夏部落王室，因為受封於唐，被賜「李」姓。

唐朝之後的五代時期，李思恭（拓跋思恭）的後代，一直掌控這五州。直到九八二年，黨項首領李繼捧親自到宋的都城開封，向宋太宗表示願意獻出五州之地，歸順宋朝。宋太宗對李繼捧的主動歸附欣喜不已，提出要把李氏家族遷到開封，這卻引發了黨項人反叛。

黨項人逃離北宋

李繼捧的弟弟李繼遷，一眼看穿宋太宗此舉，意在消除他們這支黨項人的勢力，不甘心祖輩建立百年的王國就這麼拱手讓人，他急忙召集兄弟與親信商討對策。最後，李繼遷當機立斷，發布「乳母去世」的消息，讓家屬和部下扮做送葬隊伍，逃離宋的管轄地，頭也不回的直奔地斤澤（今內蒙古鄂托克旗東北）。他決定在那裡重新聚集黨項人，東山再起。

為了專心與北宋開戰，李繼遷求助於正與宋交戰的遼，成為遼的臣屬。九九七年，宋真宗決定對李繼遷進行招撫，並將五州故地還給他。但黨項人好勇尚武，他們並不滿足於恢復五州故地。李繼遷不改初衷，繼續向遼稱臣，並且聯合遼攻打宋的邊境。

與宋重修舊好

一〇〇四年，宋遼同意結束戰爭，達成「澶淵之盟」，李繼遷也在這一年戰死沙場。黨項內部因為長年征戰疲憊不堪，新首領李德明決定改變策略，與北宋修好。而宋朝本就一心想要和平招撫黨項，於是雙方很快簽訂了和約，黨項與北宋之間的戰爭告一段落。宋、遼、黨項，暫時和平共存。

▶ 黨項首領帶著部落回到草原，再次成為獨立的部族。

歷史事件09

解謎「大白高國」

黨項首領李德明對遼、宋採取「兩邊從屬」的策略。與宋談和，黨項人獲得極大好處，每年不僅可以獲得大量賞賜，還可以通過民間貿易取得短缺的物資。邊境上的榷場生意興旺，宋朝的錢幣、金銀器具、茶葉、瓷器、絲綢等源源流入黨項。經濟蓬勃，黨項實力大增，又毋須擔憂東邊的遼、宋，黨項集中力量向西擴張。

但是，雄才大略的李元昊，對於父親李德明臣屬於宋的做法，非常不滿。李德明去世後，李元昊即位。黨項此時仍臣屬於宋、遼兩國，他不得不向對方通報自己即位的消息。宋朝立刻派使臣前來下達冊封詔書，但是已有建國打算的李元昊，實在不想理睬宋朝使

1036年，野利仁榮等創製西夏文字

1037年，基輔聖索菲亞大教堂始建，以拜占庭人為首的基輔大主教區成立

1038年，李元昊登基，宣布建立「大白高國」，即「大夏」

1039年，西夏創蕃學，以西夏文教授學生，視成績授官

臣，經過再三催促，才勉強接受詔書。

接受冊封之後的李元昊，一氣呵成完成了建國前的準備。

冊封當年，李元昊就拋棄了唐的賜姓「李」，下令將黨項皇室及統治氏族內所有內親的姓氏，全部改姓「嵬名」（嵬名氏原為党項八部之一的拓跋氏），並發布「禿髮令」（禿髮是鮮卑族舊俗，剃髮，只留頭頂部分頭髮，打成長辮）。他不僅自己帶頭「禿髮」，還命令所有黨項人立即「禿髮」，三日之內不剃髮，就要殺頭。他還改變了黨項服飾與官職稱謂，試圖消滅漢化痕跡。實行禿髮令兩個月後，他將父親李德明修建的都城興城，升格為興慶府，並為自己修建宮殿。

一〇三三年，他以避父親「德明」的名諱為由，改換宋的「明道」年號為「顯道」，並頒布了西夏的年號。一〇三六年，他又開始著手改革兵制。

大事記

世界：1024年，神聖羅馬帝國進入法蘭克尼亞王朝

中國：1032年，李元昊拋棄中原賜姓「李」，改姓嵬名，並下達禿髮令

▼在宋金兩國邊境貿易熱絡，兩國人
可以在這裡自由做生意。

除此之外，李元昊深知一個國家想要政令通行，必須使用文字。但是黨項並沒有自己的文字，這個問題令李元昊困擾不已。大臣有的建議使用漢字，有的建議使用契丹文字，還有的建議使用回鶻文字或吐蕃文字……

這時候，李元昊最喜愛的文臣野利仁榮站了出來。他說：「我們

▶ 野利仁榮創造西夏文字。

在這麼多年的遷徙和征伐中，做的都是祖先沒有做過的事情，現在為什麼不創造自己的文字呢？」

於是，野利仁榮廢寢忘食的鑽研，在一〇三六年創出六千多個黨項單字，李元昊下令將它尊為「國字」。文字頒行的那一天，全國一片歡慶。

為了推廣黨項文字，野利仁榮派大批人員去民間教授，他自己也經常親自去各個地方推廣。李元昊則在國家機構中設置了與「漢字院」對應的「蕃字院」，選拔黨項人與漢人入院學習，專門負責黨項文字相關的翻譯、書寫等工作。並下令黨項所有的

原來是這樣啊

《番漢合時掌中珠》

為了方便夏人與漢人學習彼此的語言文字，西夏學者骨勒茂才，於一一九〇年編撰了一部夏漢對譯的詞典《番漢合時掌中珠》。每個漢字旁邊，都注了夏字的讀音，夏字旁邊也注了漢字釋義。全書僅五十多頁，方便檢閱、攜帶，是名副其實的「掌中珠」。

文書、佛經，都必須使用新創文字書寫。由於李元昊極力推廣，所以黨項文字迅速在國內流傳、使用。

一〇三八年，李元昊做好了建國準備，於興州城內身披白色帝袍登基，宣布建立「大白高國」。西夏開始成為一個獨立國家，與遼、宋正式並立。這也意味著「澶淵之盟」以來，維持了幾十年穩定的東亞政局，即將產生變化。

原來是這樣啊

黨項人的「白色崇拜」

在中原傳統認知中，將黃色奉為尊貴的帝王之色。而黨項人認為白色表示聖潔，因而尊崇白色。

西夏名稱由來

歷史上的西夏，按照西夏人自己的稱呼，應該叫「大白上國」，又稱為「大白高國」。西夏博物館大門前就寫了「大白高國」四個西夏文，外國學者也稱西夏為白色帝國。

「大白高國」也可翻譯為「白高大夏國」，簡稱「大夏」。但因為「夏」也是中原政權的代稱，北宋不接受，只稱它為「西夏」。

歷史事件10

兩宋與遼、西夏、金對峙

戰爭與和平

一〇四〇年，李元昊自認為勝券在握，宣布進攻關中地區，與北宋展開全面戰爭。雙方激烈打了三年，三場大型戰役都是北宋落敗，但是長期戰爭對雙方都是消耗，於是在一〇四四年以「慶曆和議」結束戰爭。「澶淵之盟」加上「慶曆和議」，使得此後半個多世紀，西夏、遼、北宋，三方處於「三國鼎立」的和平共存狀態。

這時候，遼與北宋大致維持和平穩定的關係。西夏與北宋，卻仍不時互有攻伐。而西夏國內，也經歷長達半個世紀的「國政危機」。就如同歷史上許多君王一樣，李元昊晚年耽於享樂、寵信后妃，縱容外戚專權。此後西夏的三位皇帝，都因年幼登基，權力被母親方面的外戚牢牢把控。

新「三國鼎立」局面

十二世紀初，生活在遼國北方邊境的女真人興起，建立了金國。它懷著對遼的仇恨，迅速消滅了遼國，佔領華北，又進攻北宋，導致宋朝政權南遷。但是為了集中兵力繼續對付已經遷到南方的南宋，減輕自己在西部的壓力，金國儘量與西夏維持和平。西夏本想拉攏遼國，一起對付已結為聯盟的宋、金，沒想到，遼國天祚帝並不理會，西夏索性轉向金國示好。就這樣，夏、金二國於一一二四年定下「天會和議」，此後八十多年間沒有發生戰事。

1146年，西夏尊孔子為文宣帝

1190年，西夏骨勒茂才編成夏漢文兩用詞典《番漢合時掌中珠》

▼新「三國鼎立」局面形成。

大事記

世界

中國

1044年，宋夏「慶曆和議」

1101年，西夏設立國學（儒學）

由於宋朝南遷，西夏與宋不再接壤，又與東邊的金國定下和約，因此西夏在「金、南宋、西夏」的對峙關係中，得到機會發展。一一三九年，西夏崇宗駕崩。年輕即位的仁宗李仁孝，知道自己的父親、祖父、曾祖父都因年幼即位，陷入母黨專政的局面，所以他做了皇帝後，第一道聖旨就是將生母與嫡母兩位母后尊為太后，並且不允許她們干政。

實施文治　尊崇儒學

西夏開國皇帝——景宗李元昊，非常重視黨項文化，認為黨項人應當保持民族特徵，不必羨慕中原人的錦衣玉帛。他也同樣重視漢文化，重用漢人官員。西夏第二任皇帝——毅宗李諒祚（ㄗㄨㄛˋ），是在漢臣幫助下得以親政的，所以他一親政，就下令廢除「蕃禮」，改行「漢禮」。之後，西夏又經歷了幾次「蕃禮」與「漢禮」交替。到了第五任皇帝仁宗李仁孝，更是尊崇儒家文化，決定在這個尚武的國家實施「文治」。

北宋建立之初，就在九六三年公開印行了一部法典《宋刑統》，這是宋朝的重要法典。李仁孝即位不久，也以西夏文公開印行《天盛律令》，這部法典首度明訂了土地私人所有制。

土地法頒布之後，皇帝和貴族自然而然是擁有最多土地的人，武將通過軍事擴張為自己爭取領地，高級文臣則強迫民兵為自己侵耕邊境的土地。老百姓就只能依靠墾荒獲得耕地。好在百姓獲得耕地的方法也受到《天盛律令》保護，它規定，荒地由開墾者及他的族人永遠佔有，並且有權自行買賣。土地問題解決後，李仁孝又開始仿照宋朝的政治制度，改革西夏的政府機構，從法律上明訂官員等級。

一一四四年，李仁孝下令在國內各州縣設立學校，教授儒家學說；又在宮廷裡設立「小學」，讓七到十五歲的宗室子弟全部入學接受儒家教育。一一四六年，他親自去太學（西夏學校）祭奠孔子，並尊孔子為文宣帝；又下令國內各州縣建孔廟，祭祀孔子，並且通過科舉考試選拔官員。李仁孝重視教育，推崇儒學，西夏進入了儒家氛圍濃厚的文化黃金期。

為了廣開言路，李仁孝還下令將中書省和樞密院搬到內宮門外，直接聽取民間底層百姓意見。在他治理下，西夏社會政治趨於開明、民風淳樸，經濟也非常繁榮，百姓安居樂業。

原來是這樣啊

邊境書市

李仁孝不僅非常積極吸收南宋文化，也非常重視將本國文化傳播到金國。他於一一五四年專門派人前往金國，請求在兩國邊界設立書市，出售西夏國內翻譯的儒學、佛學等書籍。金國皇帝完顏亮也非常贊同。於是兩個少數民族展開了文化交流。

▼西夏仁宗李仁孝
十分推崇儒學。

西夏結束

一一九三年，在位五十四年的李仁孝去世，西夏周邊環境也隨之起了變化。這時，金國北方邊境的蒙古部落興起。而經歷半個多世紀「文治」的西夏，已經喪失草原武士的鋭氣，在勇猛的蒙古騎兵前不堪一擊。儘管蒙古的首要目標是滅金以報國仇，但為免受到西夏牽制，蒙古人決定先滅西夏。一二二七年，西夏隨著末帝被殺而滅亡。

在歷史上活躍了近兩百年的西夏就此謝幕。

原來是這樣啊

西夏的特產

與宋朝相比，西夏有什麼特產可以和宋貿易呢？據説西夏的白駱駝毛所製成的白氈，被譽為「世界上最好的毛氈」。此外，西夏礦產豐富，冶煉技術比較發達，鑄造的兵器很受歡迎。

▲西夏曾與蒙古、契丹、南宋並立。

歷史事件11

蒙古人稱霸歐亞！

自唐朝黃巢起義後，中國的北方地區群雄逐鹿，契丹人、黨項人和女真人先後興起，分別建立了自己的國家——遼、西夏和金，將中原王朝逼退到黃河以南，幾百年維持著南北分裂和對峙的局面。

直到十三世紀初，一個更加強大的部落興起，迅速一統中國、稱霸歐亞，結束了這種分裂局面。它就是蒙古。

蒙古部落由來

蒙古人的祖先，是生活在大興安嶺北段的室韋人中的一支，叫「蒙兀室韋」。大約八世紀時，包括蒙古在內的室韋各部，大舉向西遷移，蒙古部就遷到了斡難河上游地區。十一至十二世紀時，草原上還有大大小小的部落，長年混戰。當時的「蒙古」，只是一些部落的統稱，直到成吉思汗統一了草原，「蒙古」才成為草原各部的通稱。

鐵木真崛起

建立了大蒙古國的成吉思汗鐵木真，出生蒙古部落的乞顏氏。相較於遼、西夏、金三國的開國皇帝，鐵木真的成長背景很不一樣。他的父親也速該是乞顏部落裡非常有實力的人物，卻在鐵木真九歲時被宿敵毒死。之後，鐵木真在部落內孤苦無依，對外還得應對其他部落的敵人。權衡之後，鐵木真決定認克烈部的首領、父親曾經結義的兄弟王罕做義父。

▶ 成吉思汗統一蒙古各部落。

1225年，成吉思汗劃分四子封地

1227年，蒙古滅西夏

1234年，蒙古滅金

在實力雄厚的王罕幫助下，鐵木真的乞顏部實力人增，一舉消滅了仇人塔塔兒部。但是，隨著鐵木真實力越來越強，王罕對他產生了防備之心，並先發制人，出兵攻打他。一氣之下，鐵木真攻滅了克烈部，緊接著又在兩年之內先後消滅了乃蠻和蔑兒乞這兩個部落。一二〇六年，蒙古高原各部落被鐵木真統一。

從鐵木真到成吉思汗

拿下蒙古草原之後，鐵木真在斡難河召開大會，宣布建立大蒙古國。大家尊稱他為「成吉思汗」。

為了管理廣闊的疆域，鐵木真依照蒙古人的習慣，對「家產」進行分封。他把所有游牧人民分為九十五千戶，大部分千戶，都是混合不同部落重新組成的。然後再把這些千戶與他們的游牧

大事記

世界

1204年，法王腓力二世開始興建巴黎羅浮宮

1215年，英國頒布《自由大憲章》，明文規定各階層權利義務，限制國王權力

中國

1206年，成吉思汗統一蒙古

1219年，成吉思汗首度西征

地、分封給自己的兒子、兄弟、功臣，讓他們世代管理。這叫「領戶分封制」。

統一蒙古高原、建立大蒙古國之後，富饒的鄰國就成為了鐵木真下一步征服的目標。鐵木真的征伐，包括向南、向西兩個方向：向南最主要目標是消滅西夏和金，向西則是為了搶掠鄰國。

鐵木真知道，金和西夏會聯手抵制蒙古。他擔心滅金計畫會受到西夏牽制，於是試探性的向西夏發起兩次進攻。這兩次進攻，讓鐵木真對西夏的實力有所了解。一二〇九年，滅金時機成熟，鐵木真發兵進攻西夏，第二年就將西夏擊潰，最終在一二二七年滅了西夏。

鐵木真統一蒙古高原時，西鄰的國家望風投降。鐵木真簡直不費吹灰之力，就將它們收歸囊中。這樣一來，蒙古國不僅領土擴大了，還與西方大國花剌子模（今烏茲別克、哈薩克、土庫曼的一部分）接壤。

為了維持貿易關係，鐵木真願意與花剌子模維持友好，特地派遣使團拜訪。但是，鐵木真的使團剛離開，一支龐大的蒙古商隊，就在花剌子模邊境被扣押，還被誣指是蒙古間諜。花剌子模國王對鐵木真的自大十分不滿，借題發揮，下令處死商隊及鐵木真派去交涉的使者，引發兩大強國的一場大戰。

一二一九年秋，鐵木真親率十萬大軍，征伐花剌子模，並趁機橫掃中亞。直到一二二三年春，鐵木真才回到蒙古。這次之後，鐵木真的兒孫又先後兩次大舉西征，使蒙古帝國的版圖一直擴大到歐亞大陸。

原來是這樣啊

兀魯思

「兀魯思」是蒙古語，意思是百姓、國家。鐵木真的兒子與兄弟得到的封地、百姓，被稱為「兀魯思」，軍隊、貢稅、屬民等都是獨立的，如同半獨立的王國。

大事記

世界

中國

1247年，藏傳佛教薩迦派，在吐蕃領導地位確定

1258年，蒙古旭烈兀滅阿拔斯王朝

◀佩戴弓箭和刀的蒙古騎兵，對上手拿盾牌和劍的歐洲騎兵，誰更勝一籌？

從分裂再到統一

一二二七年，就在攻滅西夏的前夕，鐵木真意外因病去世。兩年後，他的三兒子窩闊台即大汗位。這時，蒙古已攻下西域與西夏，滅金的好時機到了。窩闊台祕密與南宋聯合，決心完成父親的遺願。

事實上，蒙古派使臣偷偷前往南宋時，金哀宗完顏守緒也派使臣入宋請求援

助。但是，糊塗的南宋朝廷又犯了一百多年前的錯誤。當年，北宋幫助金滅遼，隨後金就將它趕到了黃河以南。如今，南宋竟又答應幫助蒙古滅金。讀到後面，大家就會明白，南宋是如何自食其果！

一二三四年，窩闊台在南宋幫助下，順利消滅了金。

早年，蒙古與宋雖約定好要聯合滅金，但是對於如何瓜分利益，沒有達成共識。金被蒙古滅了之後，南宋便盤算著奪回曾被金佔據的汴梁、商丘和洛陽這「三京」。這下子，被蒙古人抓到了「破壞盟約」的把柄，蒙古人索性公然攻宋。

然而，要征服南宋並非易事，何況蒙古軍隊還分撥了一部分兵力西征。一二五九年，蒙古大汗蒙哥意外死於四川釣魚城下，對於南宋始終久攻不下。過了幾年，忽必烈處理完國內叛亂並建立了元朝，便又重新對南宋發兵。一二七九年，忽必烈將退到廣東崖山的南宋朝廷一舉攻滅，南宋滅亡。

蒙古在建國之後四處征戰，建立了一個橫掃歐亞大陸的世界性帝國，打通了中西往來的道路，影響了世界歷史的發展！

原來是這樣啊

蒙古人

蒙古草原上的克烈、乃蠻、蔑兒乞、塔塔兒等部落，本是不同部族，不屬於蒙古部，但是被鐵木真征服後，逐漸「蒙古化」了。所以，他們在元朝通常也被視為蒙古人。

▶崖山海戰後，蒙古人統一中國。

歷史事件12

元朝建立

汗位爭奪戰

一二五九年，蒙古大汗蒙哥意外死在四川釣魚城下。這時，他的二弟忽必烈正在進攻南宋，他的三弟旭烈兀則被派西征。留守蒙古本土的是幼弟阿里不哥。

得知蒙哥死訊後，忽必烈與阿里不哥展開汗位爭奪戰！一二六〇年，忽必烈在開平的駐所搶先宣布即大汗位。一個月之後，他的弟弟阿里不哥在和林城也即位稱汗，形成了一個國家兩位君主的局面。兄弟兩人展開了長達四年的汗位爭奪戰。

蒙古帝國分裂

當年，鐵木真按照蒙古人的草原分封制度，將西征得來的大片領土分給了兒子和兄弟。他的二兒子和三兒子，得到由他們自己的名字命名的察合台汗國和窩闊台汗國。大兒子術赤的封地，後來由術赤的兒子拔都建立欽察汗國（又名金帳汗國）。忽必烈爭奪汗位時，曾派使臣拉攏西征在外的弟弟旭烈兀，並允許他建立獨立的伊利汗國。

一二六四年，阿里不哥投降，忽必烈奪得汗位，但汗位紛爭已導致蒙古帝國分裂，形成四大汗國分立的局面。有人認為，四大汗國指的是前面說的這四個汗國。但因為窩闊台汗國存在時間很

原來是這樣啊

黃金家族

成吉思汗的兒子和兄弟，以及他們的男性後裔，被稱為「黃金家族」，也被統稱為「諸王」。按照蒙古人的習俗，推舉大汗、出征他國等重大事情，都必須在有諸王參加的「忽里勒台大會」決定。

短，所以也有人認為，四大汗國中沒有它，而應該包含元世祖忽必烈所建立的元朝。

原來是這樣啊

京杭大運河的「前身」

忽必烈滅南宋之後，都城大都（今北京）的生活多依賴江南物產。起初，貨船使用隋朝修建的運河，但是不能直達，還需配合陸上交通。為了解決內河運送物資的問題，忽必烈下令大開運河。經過三次開鑿，終於將海河、黃河、淮河、長江、錢塘江五大水系全部貫通。此後，可以走水路從杭州直達大都，這就是今天全程將近一千八百公里的京杭大運河前身。

1271年，馬可·波羅開始了東方之行

1276年，郭守敬進行大規模天文觀測後，製成星表，記錄星數為2500顆

忽必烈的元朝

為了管轄征服的大片中原土地，忽必烈認為他的契丹謀臣耶律楚材所建議的「中央集權、地方分權」是好辦法。但是，此時的蒙古已經將地方都分封給了世侯，突然收回他們的權力，會引起他們不滿。但很快，機會來了。一二六二年，山東的一位世侯李璮(ㄊㄢˇ)發動叛亂。叛亂

▶ 忽必烈在開平的忽里勒台大會，被推舉為大汗。

大事記

世界

中國

1261年，蒙古設翰林院和國史院

1264年，蒙古改燕京為中都

1269年，元正式頒行蒙古新字八思巴文

平定之後，忽必烈趁機削弱地方世侯的勢力，迫使他們交出實權與軍隊。

之後，忽必烈在中央設中書省，管理全國的行政事務。但是因為疆域太大，中央管理不過來，就在各個地方設置中書省的駐外分支機構，由中央官員前去管理，簡稱「行中書省」或者「行省」。「行」是臨時、代理的意思。

為避免地方自成一派，忽必烈設置的行省，刻意打破歷朝以山川做邊界的局面。到了元武宗海山統治時期，將全國劃分為十個行中書省，統管全國除了吐蕃以外的地區。吐蕃地區則專門由「宣政院」來管理。

忽必烈剛即位不久，便封吐蕃佛教第五代法王（藏地的宗教領袖）八思巴為國師，後來又封他為帝師，掌管佛教與吐蕃所有事宜。這其中，還有一段小故事。一二四六年，窩闊台的次子闊端鎮守涼州（今甘肅）時，非常希望能收服吐蕃。雖然蒙古軍很強大，但武

力並不是唯一的解決辦法，如果能找一個領袖來談判就好了。可惜，這時的吐蕃沒有主事的君主，政治和宗教掌握在各個宗教派別的領袖手中。而薩迦派的薩迦班智達很有威望，正是適合的談判人選。

▼闊端與八思巴等人商談歸順蒙古的事。

為了消弭戰爭，薩迦班智達接受闊端邀請，帶著侄子八思巴前往涼州，商談歸順蒙古的條件。這次的和平談判後，吐蕃各地歸附蒙古，薩迦派也因此成為吐蕃的掌權者。

忽必烈於一二七九年滅亡南宋後，他想讓海外的諸國都臣服元朝，成為元朝的「行省」。於是，臨近的日本、緬國（今緬甸）、佔城（今越南中部）、安南（今越南北部），甚至爪哇，都難逃忽必烈征伐。不過，忽必烈只有對緬國征伐成功，其他戰役最終都失利撤軍。

▲馬可·波羅途經沙漠，抵達元大都。

原來是這樣啊

八思巴文

成吉思汗建國前，蒙古沒有自己的文字，後來逐漸用畏兀兒文寫蒙古語。一二六九年，八思巴奉忽必烈之命創製蒙古新字。他以藏文字母為原型，創造了一套字母，可以拼寫元朝的各種語言。這套以八思巴名字命名的文字，成為官方文字，但是在元滅亡後就不被使用了。

《格薩爾王傳》

傳說在很久很久之前，西藏地區天災人禍、妖魔橫行。半人半神的格薩爾被派往人間。他從出生起就開始為民除害，斬妖除魔。直到降伏人間所有妖魔，功德圓滿，格薩爾才返回天界。這部世界上最長的史詩，約形成於元朝，是藏族民間廣為流傳的一部英雄史詩，至今仍在傳唱。

大事記

世界
- 1292年前後，火藥知識由阿拉伯人傳入西歐

中國
- 1280年，元世祖命蒲察都實考察黃河發源地
- 1281年，元頒行《授時曆》
- 1288年，元改總制院為宣政院，專門管理宗教和西藏事務

忽必烈建立的元朝，既遵行漢法，又保留草原特色。因此，元朝的都城有兩個，一個是位於漠南草原的上都（今內蒙古正藍旗境內），一個是位於漢地的大都（今北京）。元朝的職官、儀式、聖旨等，也兼具蒙古人與漢人的習慣。此後的元朝，就在忽必烈制定的制度下運轉。

原來是這樣啊

旅行家馬可·波羅

來自威尼斯共和國的馬可·波羅，是元朝時期最著名的外國旅行家。根據他的自述，他的父親、叔叔都是威尼斯商人，且在他出生前就曾到過元朝上都，被忽必烈接見。忽必烈寫了一封國書，託兄弟二人帶給歐洲教宗。一二七一年，兄弟二人帶著馬可·波羅返回元朝覆命，直到一二七五年才抵達上都。馬可·波羅受忽必烈信任，留在元朝，二十年後才回到威尼斯。

歷史事件13

元朝的讀書人都在做什麼？

自成吉思汗一二〇六年建立大蒙古國後，蒙古人　百多年間都沒有舉行科舉考試，朝廷內高級官員的任命，主要是透過世襲和推薦。直到一三一三年（一二七一年忽必烈建立元朝），元仁宗下令恢復科舉。

雖然有科舉，但元朝的讀書人，很少能像唐宋時期那樣「學而優則仕」。就算通過參加考試獲得「儒戶」的世襲戶籍，大部分讀書人也只能擔任低級官吏，在官場備受輕視。

讀書人追求功名不易，轉而研究科學，或從事書法、繪畫、戲曲等藝術創作。

天文觀測

郭守敬是元朝天文學家。元朝統一後，由於之前使用的遼、金曆法都不準確，於是忽必烈命令許衡、王恂等人編製新曆。郭守敬被派協助許衡，主要負責天文儀器的製作與觀測。為了準確觀測，他改造了十多種天文儀器。而由漢朝的渾天儀改造而成的簡儀，既擴大了觀測範圍，又提升了準確度。多項重要的天文觀測計畫，就是使他用改造的儀器。

在郭守敬建議下，元朝一共設立二十七所觀測臺，最北位於北極圈附近，最南位於今天的越南。這些觀測臺所得到的數據，幫助許衡、王恂等人編成了《授時曆》。這部元朝編的日曆，一直使用了三百六十多年，還傳播到朝鮮、日本。

1303年，英王愛德華一世頒布商業特許狀，準外商在英自由貿易

1307年，義大利人但丁開始創作《神曲》

▼元朝天文學發達。

大事記

世界

1299年，奧斯曼帝國初立

1302年，法國首次召開教士、貴族、平民三級會議，使皇權增強，宗教權變弱

中國

1298年，王禎創製木活字，並試印《旌德縣誌》

地理考察

在元朝以前，許多地理資料提到了黃河的源流，但大多不準確。一二八〇年，忽必烈命人探察黃河源頭，想要在那裡建立城市，使西域的貨物可以順著黃河運送到大都。考察團隊三次到達吐蕃，終於找到河源，並將考察結果撰寫成一部重要的地理文獻《河源志》。

元朝最後並沒有在河源建城，但《河源志》對黃河源頭的精確描述，超越以往。元朝還有一本地理名作《輿地圖》，是由道士朱思本繪製而成。朱思本在奉命祭拜名山大川的同時，順便進行了二十多年實地考察，他吸收前朝地圖繪製方法，繪成這部「長廣七尺」（長度超過兩公尺）的《輿地圖》。可惜這部地圖最後失傳，只能在明朝據此繪成的省分地圖集《廣輿圖》中，看出一些《輿地圖》的面貌。

1315年，元朝恢復科舉，第一次舉行會試與殿試

1320年，朱思本繪成《輿地圖》

農業研究

有三本非常經典的農學著作，在元朝時期完成。一本是由司農司（專門負責農業的政府部門）編的《農桑輯要》，分門別類的介紹了耕墾、播種、栽桑等北方農作經驗，指導百姓耕地。一本是由王禎編的農學史巨著《農書》。還有一本是由畏兀兒（今維吾爾）人魯明善編的《農桑衣食撮要》，介紹漢地農業。

原來是這樣啊

諸色戶計

元朝將每一戶家庭列為民戶、軍戶、匠戶等其中一種，並登記在戶籍上，每個家庭須世襲從事某一種職業。這些職位不僅有等級的不同，而且世代不能改變。軍、匠等戶籍是國家強制安排的，儒、僧、道等戶籍則是在耶律楚材的建議下，只有通過考試才能獲得國家認可。這是元朝特有的戶籍制度，叫做「諸色戶計」。

大事記

世界

1313年，德國人發明槍炮用火藥

中國

1308年，元武宗禁白蓮宗（白蓮教的前身）

1313年，王禎《農書》編成

元曲四大家

元曲是元朝重要的文化成就，元曲包括雜劇和散曲。散曲是配上歌詞的樂曲，由宋詞發展而來，一般是單獨清唱。雜劇則是用戲曲來表演故事的娛樂形式。

雜劇和散曲，在民間非常流行，最知名的創作者包括關漢卿、馬致遠、白樸、王實甫，被稱為元曲四大家。在元朝之前的唐、宋，詩詞興盛，詞慢慢演變為講唱的曲，曲又慢慢演變為戲，雜劇就出現了。

關漢卿的《竇娥冤》是元雜劇中的名作，取材自漢朝「東海孝婦」的民間傳說。傳說，有個名叫竇娥的寡婦含冤入獄，被押至刑場。臨刑前，她對天許下三個誓言：一是她死後血不會灑在地上，二是六月降雪三尺，會將她的屍體掩蓋，三是楚州（今江蘇）將大旱三年。最後這些全應驗，顯示竇娥確實冤屈。後來人們用「竇娥冤」或「六月雪」形容受到冤屈。

其他作家的經典名劇，如《西廂記》、《拜月亭》、《漢宮秋》、《梧桐雨》等，也廣為傳唱，受到民眾喜愛。

▼關漢卿的元雜劇《竇娥冤》，「六月飛雪」的故事十分有名。

書畫雙絕趙孟頫

論書法或繪畫成就，趙孟頫(ㄈㄨˇ)都可以排在元朝第一人。元朝之後，也少有人能及。他的書法深受東晉書法家王羲之的影響，講究筆法，以楷書和行書最為有名。他的繪畫則講究「寫意」的文人風格，也就是用更簡練的筆法來畫畫，不求寫實逼真，但重神態、氣韻。山水、花鳥、竹石、人物，都是他擅長的題材。

文人雅集

讀書人除了從事科學研究和藝術創作之外，一些較為平庸或機遇較差的讀書人，只能從事算命等較卑微的職業來維持生計，有些甚至淪為奴隸。元朝的浙西一帶，經濟富庶，另有一群讀書人衣食無憂，卻又難以取得功名，於是他們經常舉行文人聚會，例如文人顧瑛的「草堂雅集」。顧瑛家境富裕，他修建精美的園林，廣邀文人名士欣賞美景、吟詩作對，風雅度日。

《趙氏孤兒》

元雜劇《趙氏孤兒》，主角趙武。春秋時期，屠岸賈誣陷晉國的趙盾，殺了趙盾全家。但孫兒趙武卻被人救走。屠岸賈下令在全國搜捕趙家這個孤兒，沒有結果。而趙家門客、晉國公主等人，為了保護趙武，都獻出了生命。趙武長大後，把冤情稟告國君，為家人報仇。

《竇娥冤》

元雜劇《竇娥冤》，主角竇娥。竇娥被冤枉下獄，在牢獄裡屈打成招，被判死刑。死前，竇娥向天發的三個誓願，最後一一實現，證明了她的清白。

《梧桐雨》

元雜劇《梧桐雨》，主角楊貴妃。唐明皇寵愛楊貴妃，荒廢朝政。安史之亂時，二人倉皇逃難。行軍至馬嵬坡時，軍士們逼迫唐明皇賜死楊貴妃。楊貴妃死後，唐明皇非常傷心，一天夜裡，夢到與楊氏團聚。從夢中驚醒時，耳邊只有夜雨拍打梧桐的聲音。

《漢宮秋》

元雜劇《漢宮秋》，主角王昭君。西漢元帝受到匈奴威脅，不得已採取和親。王昭君不願兩國發生戰爭，自願出塞和親，最後在途中投水而死。

歷史事件14

最後的草原帝國

選誰當皇帝？

一二九四年，七十九歲的忽必烈去世了。去世前，他有意讓孫子鐵穆耳即位，但是他明白，按照蒙古傳統，下一任皇帝人選，應由諸王在忽里勒台大會上推選出來，而不是依照先皇的遺囑執行。於是，忽必烈在病危時，將滅掉南宋的主將伯顏召回，親自將鐵穆耳託付給他。忽必烈死後，忽里勒台大會如期舉行，鐵穆耳的主要競爭者，是剛從漠北回來的兄弟甘麻剌。

他們的母親提議，讓兩人背誦成吉思汗的祖訓，優勝者繼承皇位。甘麻剌口吃，不出意料的輸了比賽。但大家對這個結果議論紛紛。這時，伯顏握劍站了出來，稱自己為「顧命大臣」。他說，讓鐵穆耳繼位，是忽必烈的遺囑，誰敢不聽？迫於伯顏的實力，諸王不敢再說什麼，鐵穆耳這才順利成為元朝的第二任皇帝，是為元成宗。

天下太平好短暫

與熱愛征伐的蒙古祖先相比，鐵穆耳更善於守成，而且不喜歡打仗。剛即位，他就宣布停止對安南及日本的戰役，這對百姓來說是好事，然而這時，元朝的統治已危機重重。但鐵穆耳有武將伯顏支持，所以當時沒有出什麼亂子。

鐵穆耳去世後，元朝頻繁更換皇帝。短短二十幾年間，竟然換了八任，每次皇位更迭，便爭鬥一次。其中有五位皇帝是以爭奪手段得到皇位，有兩位皇帝被殺，有一位皇帝失蹤。皇位頻頻更迭，不時出現權力真空，大臣便趁機擅政。

▼元朝皇帝更換頻繁。

治國靠權臣

一三三三年，十三歲的元順帝妥懽（ㄏㄨㄢ）帖睦爾即位時，權臣燕帖木兒剛去世，朝政由伯顏（與擁立元成宗的伯顏重名）把持。伯顏大權在握後，無所顧忌的挪用公款，搜羅精兵，殺害無辜，只任用自己喜歡的人。他的封號與官銜，洋洋灑灑一大串，引發元順帝不滿，聯合伯顏的侄子脫脫，用計將他罷免。

很快，脱脱取代了伯顏的位子擔任宰相，他將年號更改為「至正」，又恢復科舉，重視減輕百姓負擔。一三四四年，脱脱因病請辭宰相，也正是從這一年開始，元朝這個龐大的帝國開始走向滅亡。

脱脱辭相當年，黃河下游連下大雨，河南一帶發生兩次決口，沿河地區大多被淹沒。水災過後，第二年接著發生大旱和瘟疫。災區農田顆粒無收，成千上萬的百姓流離失所。

黃河決口後，地方上因為難以承受這項巨大工程而互相推諉，遲遲沒有進行整治。元順帝認為還是得依靠脱脱來解決問題，於是在一三四九年重新啟用他。脱脱就任後，很快頒布兩項命令。一是發行新鈔，彌補財政困難和籌備治理黃河所需的錢款。二是將黃河恢復到原有河道。這兩項措施都遭到大臣極力反對。他們認為，印新鈔會使百姓手上原有的舊鈔貶值，容易引起百姓不滿。其次，如果為了恢復河道聚集二十萬人修河，日後問題恐怕比河患還大！但是脱脱仍一意孤行。

原來是這樣啊

脫脫修史

自忽必烈時期開始，蒙古人便籌畫修史。在元以前，共有遼、西夏、金、宋四個政權，蒙古人認為西夏王朝控制的漢地並不重要，便自動忽略它。而遼、金、宋三朝，哪個才是正統呢？大家一直爭論不休，導致修史工作遲遲無法進行。直到脫脫掌權，總算加以定調：「三朝都是正統，各按照它的年號來修！」兩年半就修成了三史。

元朝的紙鈔

早在北宋就有紙鈔了。人們本來使用鐵錢，但是四川山路崎嶇，鐵錢沉重不便攜帶，又容易丟失，於是紙幣應運而生，叫做「交子」。一段時間後，「交子」才被官方認可，成為國家發行的錢幣。元朝自忽必烈即位起，便在全國發行紙幣。元末，紙幣制度崩壞。

▲元朝時，黃河下游發生決口泛濫。

1342年，拜占庭爆發吉洛特起義

1344年，中歐的神聖羅馬帝國與條頓騎士團各城市之間形成的商業、政治聯盟「漢薩同盟」一詞首次出現在記載中

1347年，歐洲開始爆發「黑死病」鼠疫，人口大減

大事記

世界

1332年，英國議會分為貴族和平民兩院，首次分院議事

1337年，英法百年戰爭開始

中國

1328年，朱元璋出生

1335年，元朝下詔停止科舉

龐大帝國的衰落與滅亡

一三五一年，恢復河道的工程剛開工，早就對朝廷不滿的民間教派白蓮教便開始造反。白蓮教的頭目韓山童，派人在工地事先埋下一尊獨眼的石像，然後沿河散布「莫道石人一隻眼，挑動黃河天下反」的歌謠。很快，石像被人挖出，果然有百姓相信他的話，紛亂不已。韓山童眼看機會到了，便聚集

教徒，準備起義。誰知道消息走漏，起義前就被地方官員給逮捕殺了。

韓山童的同伴劉福通逃到潁州（今安徽境內），帶領頭裹紅布的起義軍，正式起義。劉福通起義，很快就激起了許多流離失所的百姓響應。徐壽輝佔據蘄州（今湖北蘄春南），李二佔據徐州，郭子興佔據濠州（今安徽鳳陽），方國珍佔據浙江，張士誠佔據江蘇……一時間，

▶ 元起義軍大敗元軍，元朝統治結束，蒙古人最後又撤回了草原。

南方的半壁江山群雄並起。而元朝的北方軍隊此時卻還在爭奪地盤，互相攻伐，以至於在農民起義軍進攻下連連敗下陣來。

一三六八年，擊敗各路起義軍的朱元璋，派大將徐達攻陷了元的都城大都（今北京），妥懽帖睦爾向北撤退到蒙古草原。歷史上將這一年視為元朝結束。

退回到蒙古舊地的妥懽帖睦爾，繼續使用「大元」國號，他的幾位繼任者，將元朝延續了二十年，繼續與明朝敵對。史上稱這一時期為北元。

一三八八年，天元帝脫古思帖木兒被襲殺，繼任的蒙古大汗，不再使用大元國號和年號，北元也從歷史舞臺退場。

歷史就是這樣演進的！

這部歷史從夏朝開始說起，這是因為在此之前有關三皇五帝等傳說，由於缺少歷史證據，往往被視為神話。

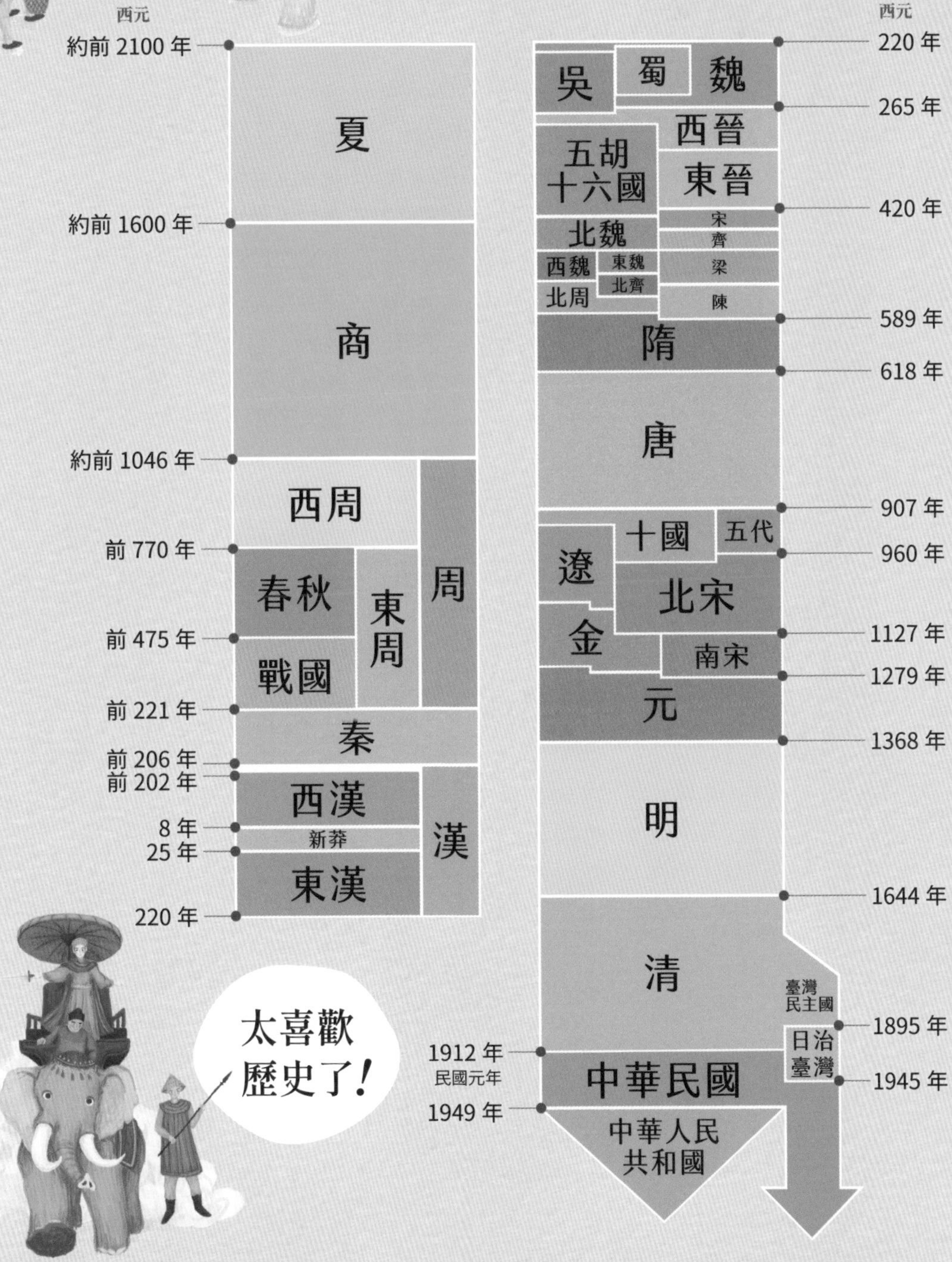

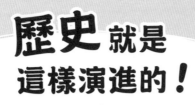

歷史就是這樣變化的！

歷史上，每個時代的疆域面積、統治族群，以及國都所在位置，都不斷的變化。而「統一」往往就是「分裂」的開始，分分合合是歷史常態。領土、統治族群、生活方式，也必然隨著時代演進，持續變動。歷史就是一部人類生存的變動史。

	朝代	都城	現今地	統治族群	開國
	夏	安邑	山西夏縣	華夏族	禹
	商	亳	河南商丘	華夏族	湯
周	西周	鎬京	陝西西安	華夏族	周武王姬發
周	東周	雒邑	河南洛陽	華夏族	周平王姬宜臼
	秦	咸陽	陝西咸陽	華夏族	始皇帝嬴政
漢	西漢	長安	陝西西安	漢族	漢高祖劉邦
漢	新朝	常安	陝西西安	漢族	王莽
漢	東漢	洛陽	河南洛陽	漢族	漢光武帝劉秀
三國	曹魏	洛陽	河南洛陽	漢族	魏文帝曹丕
三國	蜀漢	成都	四川成都	漢族	漢昭烈帝劉備
三國	孫吳	建業	江蘇南京	漢族	吳大帝孫權
晉	西晉	洛陽	河南洛陽	漢族	晉武帝司馬炎
晉	東晉	建康	江蘇南京	漢族	晉元帝司馬睿
南北朝	南朝 宋、齊、梁、陳	建康	江蘇南京	漢族	宋武帝劉裕等
南北朝	北朝 北魏、東魏、西魏 北齊、北周	平成 鄴 長安	山西大同 河北邯鄲 陝西西安	鮮卑 漢族 匈奴等	拓跋珪、元善見 宇文泰等
	隋	大興	陝西西安	漢族	隋文帝楊堅
	唐	長安	陝西西安	漢族	唐高祖李淵
	五代十國	汴、洛陽 江寧等	開封、洛陽 南京等	漢族	梁太祖朱溫等
宋	北宋	汴京	河南開封	漢族	宋太祖趙匡胤
宋	南宋	臨安	浙江杭州	漢族	宋高宗趙構
	遼	上京	內蒙古	契丹族	遼太祖耶律阿保機
	金	會寧	黑龍江哈爾濱	女真族	金太祖完顏阿骨打
	元	大都	河北北京	蒙古族	元世祖忽必烈
	明	應天府	江蘇南京	漢族	明太祖朱元璋
	清	北京	河北北京	滿族	清太宗皇太極

註：限於篇幅，本表不含各朝代後續遷都詳情。

國家圖書館出版品預行編目（CIP）資料

太喜歡歷史了：給中小學生的輕歷史 . 8, 遼金西夏元 / 知中編委會作 . -- 初版 . -- 新北市 : 遠足文化事業股份有限公司字畝文化出版 : 遠足文化事業股份有限公司發行 , 2022.01
面； 公分
ISBN 978-626-7069-41-7（平裝）
1.CST: 中國史 2.CST: 通俗史話
610.9 110022165

太喜歡歷史了！給中小學生的輕歷史⑧遼金西夏元

作　　者：知中編委會

字畝文化創意有限公司
社　　長：馮季眉
責任編輯：徐子茹
美術與封面設計：Bianco
美編排版：張簡至真

出版：字畝文化／遠足文化事業股份有限公司
發行：遠足文化事業股份有限公司（讀書共和國出版集團）
地址：231新北市新店區民權路108-2號9樓
電話：(02)2218-1417　傳真：(02)8667-1065
客服信箱：service@bookrep.com.tw
網路書店：www.bookrep.com.tw
團體訂購請洽業務部 (02) 2218-1417 分機1124
法律顧問：華洋法律事務所 蘇文生律師
印　　製：凱林彩印股份有限公司

2022 年 1 月　初版一刷　2024 年 7 月　初版六刷
定價：350 元　書號：XBLH0028
ISBN 978-626-7069-41-7